HISTOIRE D'ÉDOUARD

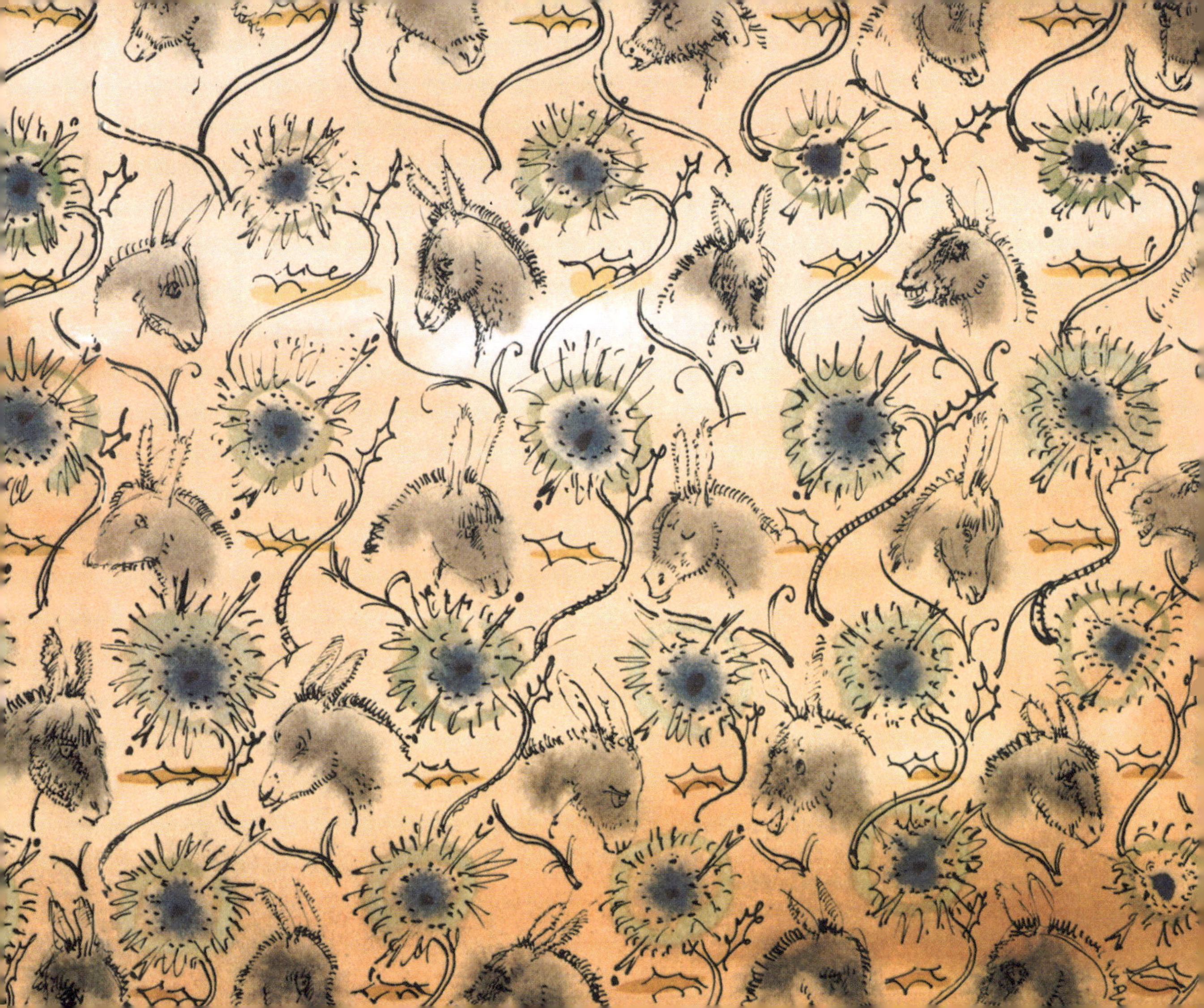

Pour Elsie et David C. Fender

Première édition dans la collection *lutin poche* : octobre 2002

Loi numéro 49 956 du 16 juillet 1949 sur les publications
destinées à la jeunesse : septembre 1998
Dépôt légal : octobre 2002
Imprimé en France par Mame à Tours

HISTOIRE D'ÉDOUARD

illustrée et racontée par

Philippe Dumas

lutin poche de l'école des loisirs

11, rue de Sèvres, Paris 6^e

Voici l'histoire qui finit bien d'un âne nommé Édouard.

Sur cette image, on le voit dansant la valse, talent qu'il possède à merveille.

Sur cette autre image, on fait la connaissance de son vieux maître, Angelo Dupas, musicien consommé.

C'est d'Angelo Dupas qu'Édouard tient sa science de valseur.

Ensemble, ils ont d'ailleurs monté un numéro spectaculaire.

Ils le présentent sur les places de village, non sans succès, d'où quantité de belles pièces de monnaie dans le chapeau.

Le soir, ils s'endorment tôt pour goûter un repos bien gagné.

Chaque matin, ils reprennent la route vers un nouveau village, Édouard consentant à faire l'âne, activité sans grand rapport avec la danse. Il est de bonne volonté.

Mais voici qu'aujourd'hui, le vieux musicien se sent soudain très las.

« Édouard, dit-il, à présent tu es capable de te débrouiller seul. Je te donne mon argent et mes habits. Tu es un très bon âne et je te souhaite de la chance. Mais souviens-toi : personne, jamais, ne doit voir tes oreilles. »

Ayant fait ce qu'il fallait, Édouard se met en route vers son destin.

Il a pris soin de cacher ses oreilles sous un chapeau.

Il marche droit devant lui.

Arrivé en ville, il passe les premiers temps à consulter les petites annonces.

Finalement, il trouve une place de garçon au Café Moderne.

C’est un dur métier, mais lucratif, à condition qu’on y fasse preuve d’adresse et qu’on évite de braire.

Malheureusement, la caissière, la belle Mademoiselle Olive,
est une de ces créatures dont on ne peut que tomber amoureux.

Voilà donc, un samedi soir, ce pauvre Édouard qui oublie toute prudence, au point de se précipiter, chapeau bas, pour lui tenir la porte.

Il est pris sur le fait.

Au lever du jour, les gendarmes viennent le chercher
pour le faire travailler comme un âne.

Édouard demande la permission d'aller au moins passer un pantalon.

Les issues sont bloquées par des hommes en uniforme.

Dans la rue, il y a la carriole de la belle Mademoiselle Olive, dont les brancards attendent Édouard.

Édouard s'échappe
par la fenêtre de derrière.

Il s’enfuit ventre à terre dans la campagne.

Trois jours durant, il marche, roulant sous son chapeau de sombres méditations.

Au matin du quatrième jour, il arrive dans un village.

Coup de chance, dans ce village, un emploi est offert.

Édouard réussit bien dans ce nouveau métier.

… s'aidant clandestinement de ses sabots…

… ou nettoyant les bords du talus à sa façon à lui…

… mais toujours sur ses gardes, du fait de sa récente mésaventure.

Cependant, chaque jour, sur cette route, passe et repasse
une ravissante petite ânesse blanche.

Édouard économise sur sa paie afin de pouvoir l'acheter au gros monsieur.

La petite ânesse se demande où la conduit son nouveau maître.

Mais celui-ci lui commande de stopper et, sautant au bas de la voiture, vient lui tenir sous les naseaux ce langage surprenant:

« Mademoiselle, cela fait quarante-deux jours que je vous vois passer. Mon pauvre cœur n'a plus de battements que pour vous ; vous êtes la maîtresse de ma vie et l'objet de mes rêves. »

« Si vous vouliez, il me plairait d'être votre mari – union possible car, voyez-vous, il se trouve que, moi aussi, je suis un âne. »

Le mariage fut aussitôt célébré.

Édouard et la jolie petite ânesse allèrent
se cacher au plus profond d'une grande forêt d'arbres centenaires.

Ils découvrirent une vieille maison abandonnée, dont ils surent faire un modèle de confort.

Ils y vivent aujourd'hui très heureux, pratiquant les beaux-arts avec assiduité.

Bien sûr, ils ont eu des enfants.

Ce sont beaucoup d'ânons, tous plus doués et vigoureux les uns que les autres.

Édouard, en souvenir de son vieux maître le musicien et
du bon temps d'alors, leur donne des leçons de valse quatre fois par semaine.
Il n'y a rien de tel que la danse pour développer l'esprit de famille.
On le constate ici, avant de refermer ce livre.

FIN